Círculo Rojo

101 Haikus,
MÚSICA, POESIAS,
PENSAMIENTOS. Y MIL BESOS

101 Haikus,

MÚSICA, POESIAS, PENSAMIENTOS. Y MIL BESOS.

Joaquín Fernández Bello

Círculo Rojo
EDITORIAL

Primera edición: junio 2024

Depósito legal: AL 1418-2024

ISBN: 978-84-1073-564-4
Impresión y encuadernación: Editorial Círculo Rojo

© Del texto: Joaquín Fernández Bello
© Maquetación y diseño: Equipo de Editorial Círculo Rojo

Editorial Círculo Rojo
www.editorialcirculorojo.com
info@editorialcirculorojo.com

Impreso en España - Printed in Spain

En un haiku, el *haijin* transmite la emoción que ha sentido al contemplar algo de la naturaleza o de muchas formas de la vida.

1.

Mar y sol, mi mirar,

caminar en arenas,

era mi pensar.

2.

En mis otoños,

de mis oscuros pensar,

ya caminamos.

3.

Ojos azules

viendo tu mirada,

me da que pensar.

4.

Amor sincero,

primavera eterna,

así viviremos.

5.

Me maravilla

no olvidar mi amor

en primavera.

6.

Verde campiña,

ocres de los otoños,

siembre vida.

7.

Y la mar negra,

y la sierra más negra,

y luz en el cielo (relámpagos).

8.

Haijin, haikista,

quien hace haikus bellos,

ven su espacio.

9.

Revuelta la mar,

y las olas vuelan

con gaviotas.

10.

De plata la mar,

también llorando están

en el más allá.

11.

En la lejanía,

la mar resplandeciente,

y tan cercana.

12.

Sentí infiernos,

mi alma vagó sola

y sin sentido.

13.

Me elevaron

las riquezas insanas,

salí huyendo.

14.

Roto de dolor,

refugio de mi amor.

Y lo encontré.

15.

Riquezas vanas,

solo quiero tu ser,

sí a tu vida.

16.

Sin recuerdos,

siempre junto al mar,

contigo voy.

17.

Desde lo alto,

divisamos la vida

y jugamos ya.

18.

Seas siempre

la verdad y mi vida,

y amémonos.

19.

Una palabra

explica las verdades,

y tres, la vida.

20.

Mirando la mar,

veo cielos y nieblas,

y pensamientos.

21.

Labios rojos,

y de senos de mujer,

una esencia.

22.

Mi flor eterna,

labios de ternura,

amor juvenil.

23.

Cómo acuna

la rama a las hojas

sin los vientos.

24.

Veo miradas,

al viento caminar,

salimos juntos.

25.

Eco del infinito,

y no veo casi nada,

a ti te miro.

26.

Un camino es

tu mirada limpia

en mi ceguera.

27.

Acantilado

en vacío espacio

y azul cielo.

28.

Mis haikus y yo

nos miramos en la mar,

es felicidad.

29.

Las golondrinas

ya tienen libélulas

para sus nidos.

30.

Las velas al mar,

rumbos entontecidos

llegan sin besar.

31.

Noches sin luna,

estrellas de viaje,

la oscuridad.

32.

Terciopelo gris,

atardecer naranja

y noche fugaz.

33.

Las golondrinas

dentro de mi belén

gritando píos.

34.

Vienen tres reyes

adorando al Niño.

Estrella fugaz.

35.

Un Dios nacido

entre bueyes y asno,

Belén su lugar.

36.

La cara triste

refleja sentimientos,

son recuerdos.

37.

Tu cara sonríe,

la vida reflejada

es felicidad.

38.

La sangre gime,

el tiempo camina

y tú reverdeas.

39.

Sintiéndote ya,

busco la vida contigo,

y la luz voló.

40.

Si tú me besas,

yo siento la vida

y caminamos.

41.

Hablando veo

tus amores eternos,

y yo te sigo.

42.

Velero blanco

en el más fino lecho

de mares. ¡Vendrás!

43.

Nos encontramos,

nos llenamos de amor,

dos fuimos uno.

44.

Las tardes lentas,

la claridad tardía,

tu vida llena.

45.

Sentí infiernos,

mi alma vagó sola

y sin sentido.

46.

Me elevaron

las riquezas insanas,

salí huyendo.

47.

Veinte abriles,

tiene la mayor verdad,

caminando va.

48.

Qué quieres de mí,

saber si me quieres,

y caminemos.

49.

(Haiku de Resurrección)

Y amaneció

y la luz se hizo vida,

todo empezó.

50.

(Haiku Sábado Santo)

Pasión y gloria,

expectante crueldad

con Resurrección.

51.

(Haiku del Viernes Santo)

¿Dónde los santos?

En iglesias rezando,

el silencio es.

52.

Los corazones

con el alma se unen.

Solo es amor.

53.

Al amanecer,

y cada noche te veo,

y te siento.

54.

Mi osadía

es solo pensar en ti

cuando no te veo.

55.

Mil besos siempre,

y nunca renunciamos

en nuestras noches.

56.

Mi memoria

activa mis sentidos

pensando en ti.

57.

Con mis arrugas

camino con alegría

y te espero.

58.

Son mis palabras,

que siempre te recordaron

en mi otoño.

59.

Que el silencio

sea tu compañero

en tu soledad.

60.

Amor que llamas,

mis puertas abiertas

y yo tan feliz.

61.

La tristeza ve

que la felicidad ríe

y tú sientes.

62.

Los arcángeles

reinan los lugares

donde tus lloras.

63.

Prohibiéndome

el llanto y camino

con rumbo feliz.

64.

Entristecido,

andando entre olas

que acarician.

65.

Nuestros labios

besaron las flores

en primavera.

66.

Aires lejanos

de oeste a este,

así fueron.

67.

El surco del amor

es como la vida te vio,

sintiéndolo.

68.

El surco de la luz

es como el de la ola,

que va y viene.

69.

Restos de amor

son orgullos eternos

solo para dos.

70.

El rocío se ve

con el cielo azul

y en invierno.

71.

En el espejo,

se ven las soledades

y amarguras.

72.

Me devorarán

las chispas del infierno

si no cambio.

73.

Entre mis venas,

la sangre baila al son

de tiernas ninfas.

74.

El amor puede

llamar a mi puerta

en mi otoño.

75.

En la lejanía

nos encontramos sin amor

y la vida pasó.

76.

La carne joven

se marchita sin parar,

también tú y yo.

77.

Sutil mirada

con elocuente gracia,

desafiante.

78.

Multicolores,

los abanicos vuelan,

son mariposas.

79.

Tus caricias,

suaves y tiernas,

amaneceres eternos.

80.

Haikus rosas,

amor de mis amores,

tú fuiste mi primero.

81.

La isla está

y no puedes llegar,

solo los pájaros.

82.

Cruzo el río,

desnudo y con frío,

quiero verte.

83.

El paseo es,

para el corazón,

trabajo feliz.

84.

Y la lluvia llegó,

y los pájaros cantaron,

y sigue la vida.

85.

La alondra canta,

el mirlo lo intenta

con desigualdad.

86.

El sol y la luna

se odian, se pelean,

y la vida sigue.

87.

Cae la tarde,

amanece la noche,

se marcha el sol.

88.

Los campos duermen,

se cubren por manto de flores

en primavera.

89.

Mi luz de luna

en las noches oscuras

de mis veranos.

90.

Silbo al viento,

tú me entiendes bien,

palabras claras.

91.

Campos de trigo,

pájaros hambrientos

llenos de granos.

92.

Las aves surcan,

y los peces navegan,

y yo pensando.

93.

De azul el mar,

y de azul tus ojos,

qué placer veros.

94.

Tú me miras,

tu semblante es verdad,

y yo te amo.

95.

Si caminamos,

corremos un riesgo:

que nos perdamos.

96.

Yo te quiero,

ver tus labios rojos

para besarte.

97.

Rápidamente,

te beso con ternura

y te desmayas.

98.

Me gustaría

masajear con dedos

tus pensamientos.

99.

El gran modisto

los campos viste,

y los desviste.

100.

Las mariposas,

en el azul de mares,

son los veleros.

101.

Las margaritas

cuentan si nos aman

hoja a hoja.

Mil besos

Y tú y yo nos miramos, sorprendidos. Eternamente, Kini, KIMI.

Poesía, música, cuentos.
Mis pensamientos

Hablando con la poesía,
le dije: «Dame un verso para una niña bonita, sí,
un verso como ella misma,
pues sería un verso lleno de música», y así
le llevé una canción a mi niña.

Yo tuve una musa bella,

como una mariposa blanca,

como una alondra cantora,

como una mañana fresca,

como una mañana mañanera.

Yo tuve una musa bella,

como una luna blanca,

como una tarde tierna.

Yo tuve una musa bella.

Ven ya

Amor, por qué no vienes ya,
si ya pasó la tormenta
y los vientos dejaron de soplar.
Por el amor que te tengo,
por qué no vienes ya.

No entiendo nada

Cuando leo poesía y no entiendo nada,
se me ponen los pelos de punta
y se me encrespa el alma.
Sé valiente tú también
y cuenta que tú tampoco entiendes nada.
Mejor escucha mi violín,
que a veces canta
o escucha las hojas,
que el levante las arrastra
y es armonía más clara
que una poesía
que no dice nada.

Con solo una mirada basta para quererte. ¿Dónde estás y con quién,
mi musa querida?

Mi musa del alma,
eres mi alegría,
mujer invisible,
pues no puedo tocarte,
no puedo sentirte.
A partir de ahora serás mi vida.

Poesía,
qué es eso que llaman poesía.
Palabras al viento con música celestial,
que miman tus sentidos
y te llenan de paz,
que enloquecen tu alma
con sentido fugaz,
que te llenan de calma
con solo una palabra y nada más. Poesía.

Niña bonita

Amapolas al viento,
enloqueces semblantes
que serenan vivencias
de ternuras melancólicas.
Niña bonita,
como una rosa blanca,
como una mar serena,
como una mirada clara,
como una simple pluma
de ave anacarada,
Niña bonita, esa eres tú.

Un monosílabo para ti

El sol y la mar
son sin más
la luz y la sal.
Él se va con la mar,
la mar se va con el sol,
y sin ton ni son
se van sin ti.

Mi miau es un sol
de crías de par en par
y tú y yo de mar y sol,
y de flor en flor,
y al son del do y del la,
y es así para el si
y para el mi.

Una nana para ti

Está pasando la luna con alas,
caminando con un tantán,
y tú te duermes al verla pasar.
Duérmete, niña, duérmete ya,
que viene la luna con su tantán.

Y así, una y otra vez más.

Que te quiero

Que te quiero, que lo sé.
Cuando mi alma llora, te quiero;
cuando hablo con la mar, también.
Quizás la amargura de no verte,
eso, quizás el viento que no me llegó
ni la brisa de tus pelos me acarició,
ni siquiera los sentidos caminaron al son,
ni tus palabras las oigo ni sé cómo son.
Todo se queda en el aire y en el tiempo.
Ay, qué miedo pensar que tú a mí no.
Que te quiero, que lo sé yo.

Cuánto tiempo

Cuánto tiempo hace que no despierto,
en el bacanal de las redes me entretengo,
y caminando desesperado no nos vemos.
Con alegrías ficticias me entretengo,
asumiendo el tiempo de los recuerdos.
Qué pena tan grande navegar sin viento,
y los destinos corren sin miedo,
y tú y yo, desesperados, no nos encontramos
aunque sintamos por dentro el fuego eterno.
Cuánto tiempo hace que no despierto.

Mi mortal herida

La mortal herida,
mi dolor henchido,
la muerte no esperada,
la mente muy crecida.
El corazón responde
y tú me miras
esperando mi alma,
que no llega nunca.
Mis suspiros hablan
y te dicen: «¿Por qué me miras?».
Te impresiona mi amor,
por eso no expira.
Vive la llamada del amor,
pues de veras no termina;
solo calma la sed
de la niña bonita.

Aunque no

Aunque no me veas, te cuido;
aunque no me sientas, te toco;
aunque no lo creas, te amo;
aunque a veces lo dudes,
siempre estoy a tu lado.

Siempre

Siempre se me van de las manos
mis pensamientos mundanos,
caminan por mundos insanos,
pero pensando en ti solo.
Camino y me transformo,
te siento y te recuerdo,
cada día eres mi sosiego,
siempre serás mi cielo eterno.

En 1970

Será de veras todo lo que uno puede,
mañana otra nueva vida será verdad.
No sé por qué me meto en inicuas concesiones,
para que después vengan otros y se dejen arrastrar.

Dentro de sí uno no concibe nada de que pueda,
mas si uno tuviera señal divina para su conciencia,
no será de nuevo otro día que quiera la verdad.
De qué sirve todo si no se quiere de verdad la verdad.

Será mañana lo que uno puede
para que sea verdad lo que uno siente.
No, no lo que yo quiera, tú eres quien decide.

Sé tú ese valor verdadero del que uno depende,
sé lo que mañana la verdad puede hacer,
sé, que lo que dijiste hoy se hará verdad mañana.

Inocente flor

Inocente flor que no quisieron que yo cogiera,

caminamos sin rumbo viendo los atardeceres y las estrellas.

Qué belleza hubiese sido la espera para ver las flores de primavera

y disfrutar año tras año de las noches en compañía de nuestras estrellas.

Inocente flor, qué ramo tan bonito hubiésemos construido si me
llegan a dejar que te cogiera.

Eleva tus manos sobre mis hombros, eleva tu sonrisa dulcemente
y pestañea tus vivos ojos,
surquemos entre estas verdes praderas y en la sombra llenemos
nuestras copas de verbo,
y disfrutemos inmensamente de la vida, de nuestros recuerdos
sencillos, y con solo mirarnos,
nos lo decimos todo. Y si nos miramos los labios, la explosión
será eterna.

Cuento

Entré en una tienda de flores y salí con una flor para ella.
Abrió su bolso azul cielo y sacó escrito en una nota: «Mil gracias».

Música

Te quiero con toda mi alma,
mi corazón se enfada,
pues dice que él te quiere mucho más,
y mi rostro se queda con la boca abierta,
pues tú, cuando me miras y siento tu voz,
me destrozas cualquier sentimiento
y paralizas cualquier sensación.
Mi corazón y mi alma te quieren al son.

«Mis sueños siempre terminan deseando tenerte tan cerca
que solo me despierto cuando siento que me besas».

Tú mereciste siempre que mi mente estuviera pendiente de ti,
pues fuiste quien despertó mi alma y la enseñó a amar.

Qué suerte la mía de tener tu juventud, tu alegría y tu dulzura, y
sobre todo tu inocencia con tu divina belleza, y sobre todo tanto
tiempo a tu lado disfrutando.

Cuántas cosas aprendimos juntos. Empezamos respirando al uní-
sono y caminamos aprendiendo no solo la sabiduría del munda-
nal, sino a conocer las delicias de nuestro cuerpo y de nuestras
almas.

Muchas veces ves como el corazón no sirve para nada, está dejan-
do de ser humano, solamente sirve para sufrir y morir. La con-
ciencia de sí mismo es lo que nos diferencia de los animales, y en
muchas ocasiones no se llega a utilizar.

El amor perfecto es la gran amistad y a la vez con momentos de locura.

Mis cuentos son contados, escritos y casi vividos; primero me los cuento a mí mismo y, si me encantan, se hacen realidad.

Hoy he estado repasando lo que llevo de novela escrito, ¿y queréis creer que me he emocionado? No lo entiendo por más que pienso el porqué, se lo preguntaré a un profesional de la mente.

Escribo dos libros a la vez que no tienen nada que ver el uno con el otro, pero estoy disfrutando tanto…; bueno, por partida doble.

La alegría de vivir el día a día y si, además, sientes mariposas.

Música

Me senté en la camilla
esperando en silencio
a las mariposas.

Llegaron como estrellas
y bailamos sin cesar
con música de verbo celestial.
Un beso
es un suspiro
de llanto.

Una mirada
es un canto
con son.

Y cada sonrisa,
un grito
de amor.

Poesía

Estoy empezando a saber estar solo,
me siento cada vez mejor,
me siento que vuelo libre
y me siento cada día más fuerte, sobre todo mentalmente.
Creo y siento mi cambio de estar en la vida,
estoy sintiéndome verdaderamente yo.
Sobre todo, me siento con una fuerza interior
que quizás antes no apreciaba o no me dejaban sentirla.
Hoy casi soy feliz haciendo lo que verdaderamente quiero yo.

Música

Hoy se me ha caído una azucena
por el calor que irradia mi sol,
sus rayos mataron mi flor
y sentí la tristeza y el dolor.
Hoy se me ha muerto una azucena
sin ton ni son. Sin ton ni son.
Solamente por calor.

Poesía

Yo sabía que Aninia era la princesa más hermosa que el mundo había visto jamás, famosa por su talento como arquitecta de las palabras. Estaba enamorada de Quinto Marcus, un joven y apuesto músico y trovador, pero su padre no aprobaba aquella relación y decidió separar a los amantes con un mar de estrellas. Sin embargo, la novena noche del sexto mes, Aninia y Quinto Marcus se encontraban a ambas orillas del mar de Alborán y el llanto de Aninia era tan inmenso y elocuente que los flamencos rosas se compadecieron de ellos, se juntaron, formaron un puente para que los amantes pudieran estar juntos, subieron a una nube blanca y mullida, y allí murieron de amor. Llenos de esa explosión, se los vio alcanzar la tierra y volvieron a llenar de ilusiones sus vidas, y la felicidad y el amor triunfaron.

Música

Tan linda es,
tan bonita fue
que llenó mi alma
y alegró mi corazón,
y tiene una voz
que es mi pasión.
Así es (es una musa bonita),
como una flor que amo.
Me encantan las chinitas
de piernas eternas,
que parecen garzas japonesas,
que caminan a cámara lenta.

Mi mente se rejuvenece
con cada poesía escrita
y, si la canto como los aedos,
cautivo a mis musas.
Ellas tienen la fuerza del viento
y dominan mi mente con sueños,
con tormentas de ideas a mi cerebro,
con relámpagos y truenos,
y arcoíris en mi infierno.

Poesía

La tierra no se debería llamar *tierra*, tendría que llamarse *agua*. *Agua* es más lógico, pues el 96 por ciento de la mal llamada tierra es precisamente agua, y además existen más de cientos de millones de seres vivos en el agua que en la tierra. Llegará un momento en que el planeta será todo agua, salvo que el rey sol haga su labor evaporando lo suficiente y hacer la regulación debida para que ese fenómeno no ocurra. Moraleja: ¿y quién regula todo esto? ¿Dios? No sé, pero todo es naturaleza que en cierto modo desconocemos los que vivimos en la tierra; a saber lo que piensan los que viven en el agua, que son muchos más. Pensamientos de madrugada.

Música o cuento
Me han despertado el alma

Y eufórica se despierta, pues no ha sido ni más ni menos que Irenita, la de la blanca faz. Parece mentira, tanto tiempo dormida y llega la de los aedos griegos, y sus juncos, sí, la de los ojos de cielo y, sobre todo, la más dulce arquitecta de palabras. Con solo escucharla y no digamos con solo leerla, mi alma descubre su resplandor y ve la luz de sus papiros y su música, y comienza una pasión que no existía, y se realiza el milagro, pues he escrito tres libros y me estoy atreviendo con una novela para ofrecérsela como si fuera un ramo enorme de flores en cuyo interior va mi alma.

Y comienza una pasión que no existía. Milagro. Sííí, Irenita, la de Rubén Darío (Margarita).

Música

Hola, me dices.
Jamás grites,
pero sígueme.

Solo siente
y ámame
con la mente.

Cada vez
más gente
nos ve.

Música

Cuando la espuma te baña los pies,
cuando la sal te quema la piel,
cuando tu mente se siente envejecer,
disfruta de navegar al son del vergel
para que no decaiga esa fuerza vital
que te haga sentir y ver la vida
con sentido y sin flaquezas.
Solo es cuestión de no pensar;
sobre todo, es saber amar.

Tienes los ojos azules,
tu mirada azul también,
tu voz es azul tenue,
tu cuerpo lleno de olas fugaces.
Lo que sueñas siempre
siempre siempre siempre
se hace realidad o se diluye.

Poesía y música

He tenido que amar dos veces
para saber lo que es soñar,
he tenido que soñar muchas veces
para sentir lo que es amar,
y cada vez que amo y sueño,
me parece que la vida está llena de felicidad.
He tenido que amar tres veces para saber soñar,
he tenido que soñar tantas veces para aprender a amar.
Se vive, se sueña y se ama mil veces para saber disfrutar.

Irenita

Cada palabra que te escucho,
suave con música, es como un manantial,
me acelera el alma, parece una sinfonía,
me alegra, me da vida. Sobre todo,
me haces crear, siento que no soy yo.
¿Quién será? El alma del manantial.

Música

Te miré a los ojos y vi tristeza,
te miré a la boca y vi pasión.
Miré tu corazón y estaba triste,
busqué tu alma y no estaba.
Alcancé a sentirte
y amé lo que quedaba,
un suspiro, una ilusión.
Nos abrazamos
y brillaron tus ojos,
y tu alma apareció.
Y seguimos mirando
con la ilusión
y con mucho amor.

Poesía

Todos los días 1000 palabras, cada palabra un suspiro, cada palabra un pensamiento, cada palabra una idea, cada palabra una nube, cada palabra sentimientos y una detrás de otra, y así construyo mi alegría y mi entretenimiento. Así soy feliz, así creo que vivo más, y con más sentido, tener un proyecto de 1000 palabras todos los días. Es una locura de amor, es una locura de locuras, y después me tomo un descanso, y al día siguiente otras 1000 palabras, y así todos los días, y disfruto y siento, y mi cabeza ruge y se siente feliz, y mi corazón baila lleno de alegría, y mi alma juega todos los días. Sí, sí, mi alma juega todos los días, conmigo y con todos vosotros, llenos de alegrías y suspiros, y todos nos ilusionamos y nos divertimos en esa nube mullida llena de cielo.

Música

Quiero poetas verdaderos,
donde trabajen las liras y los sonetos,
y caminen entre veredas y setos,
o bajen a los infiernos dantescos.

En el interior de la lira el canto,
en el interior del soneto el viento,
y la música aparece, será una canción.
Y todos caminamos hacia el amor eterno.
El lucero en la tarde noche,
la luna en la noche noche,
la luz aparece y amanece,
la vida es la que nos mueve.

Delante de mí, mi folio

Detrás de mí, el calor de los recuerdos;
en mi mente, el presente;
en mi caminar, la pasión de mis encuentros;
en mi música, la alegría de mis trinos;
y cuando la lira suena, se acaban los sentidos
y camino hacia la luz del infinito.

Cuento

Que el calor resbala por mi cuerpo,
gota a gota me deshielo.
Cuando paseando te quiero
y en las sombras te espero,
a pesar de las brasas del cielo,
yo sigo esperando.
Porque te quiero
y quisiera darte besos.
Con cierto anhelo
miro a tus ojos
y los quiero tan dentro
que vería con ellos.
Seguiríamos besándonos
tan profundos besos
que con ellos moriríamos
dentro de una nube en los cielos.

Poesía o música

Soy un mayor aprendiz de escribidor, en una escuela donde tengo tres maestros importantes: mi corazón, mi cerebro y mi alma, que son los que me dictan, me susurran y me alientan a especular con las palabras. Y yo, cual fiel aprendiz, acepto las normas y disfruto de las clases. Saco mi folio en blanco, mi pluma china cargada con tinta verde, y espero. Esa espera a veces es muy simple y corta, otras veces lenta y pesada, y otras tengo que buscar amiguitos para empezar. Y comienzan la parranda y la diversión, empiezan a bailar las letras, las palabras, las frases; y se van uniendo y desarrollando en un sinfín de anécdotas e historias, y se produce la ilusión, mi cuento, como si efectivamente me lo estuviera contando. Soy egoísta, solo pienso en disfrutar yo, pues todo me lo cuento a mí mismo para mayor disfrute; y cuando más disfruto es cuando pienso que disfrutarán también los demás, y así todos los días, y así vivo yo.

Música popular

¡¡¡Los silencios a veces son tan elocuentes que chirrían los sentíoooosssss!!!

Música

La he visto en sueños tantas veces
y queriéndola coger no he podido.
Se me escapaba corriendo,
pues era como una nube suave
que se me deshacía en mis manos.
Intenté darle mil besos y me envolvió
con la frescura de los vientos.

Poesía

Cuando te miro y me miras,
estamos tan despiertos
que nuestras almas caminan
tan unidas, con un solo corazón,
y su música es como un tantán.

Música

No sé de puntos y comas, ni siquiera como poner las tildes, y los paréntesis los desconozco. Solo sé que mis palabras viajan y el viento las ordena. Cada una disfruta y vuela al son de la elocuencia. Tratan de gustar, aprenden cómo construir algo bonito, hacer disfrutar a quien las coge al vuelo y las aprecia disfrutando saborear. Y así escribo para intentar llenar la atmósfera de vida, de cuentos de los de verdad; disfrutar con mis locuras. Solo intento colmar los cielos de palabras y de formas de pensar.

Poesía

No tengo luna, tampoco veo la mar, no siento la luz de la noche, ni siquiera me hace soñar. No tengo ni viento ni locuras que pensar. Solo tengo sensaciones de querer volar; ver las estrellas, sobre todo la fugaz; así pensar en eso que quiero, mi deseo eterno que siempre quiero alcanzar.

Cuento

Entretenido estaba buscando qué podía regalar hoy a mi chica, y le llevé una flor, y me dio mil besos. Salí ganando.

Cuento

También le regalé una bolsa mágica llena de juguetes, se la dejé a los pies de la cama y no le dije nada, tan solo que cada vez que quisiera una de las cosas que había dentro le diera un beso y se haría realidad. Nerviosa iba haciendo *footing* por un camino, el día estaba caluroso y decidió ver qué existía en la bolsa, y vio una pequeñísima botella de agua mineral, y recordó lo del beso, y vio cómo se transformaba al darle un beso en una deliciosa botella de agua fresca, y sorprendida también vio que había un pequeño patinete. Lo sacó, le dio un beso y se transformó en un elegante y precioso patín revolucionario, que volaba y le permitía disfrutar de la ilusionante vida que le ofrecía su bolsa mágica. Vio unos cuantos globos insignificantes; besó a todos y se hincharon. Creo que contenían helio y empezaron a elevarse. Ella los cogió a todos y sentía el placer de volar y volar, pero estaba en su dormitorio. Llegaron al techo y querían salir por la ventana. En ese momento por miedo los soltó y su sensación fue caer en la cama, donde en ese momento se despertó. Los sueños sueños son.

Música

No sé si prefiero mi prosa o mi verso.
Solo quiero pensar que, cuando quiero a una musa,
me sale mi verso
y, cuando pienso en una musa,
me sale mi cuento.
No sé si prefiero el cuento o el verso,
solo quiero pensar en la musa que quiero,
y amar el verso que primero me emana con mis sentimientos,
y así compongo las prosas y mis versos.

Poesía o música

Veo desde mi atalaya cotidiana un mar azul blanquecino que se difumina con el cielo, y parece que se unen en un infinito. También veo a lo lejos mariposas blancas que son veleros al viento llenos de vida y estrellas fugaces en el agua que son las motos del mismo nombre, y en medio de mi Alborán se observan muchos borreguitos, que son más que olas rizadas, pues rompen en la lejanía y parecen un rebaño, que producen esa sensación; y con frecuencia de tarde en tarde se ven bólidos fugaces, que son los narcos huyendo de las libélulas blanquiverdes giratorias; y ya más cerca en la orilla, flores multicolores, apiñadas, que son las sombrillas del personal vacacional; y aún más cerca aparecen hormigas que se entrecruzan a toda velocidad, como por un sendero, que es la propia autovía, un mundo en movimiento; y siguiendo, pero ya mucho más cerca, veo como colmenas enormes, que son las sombras de las terrazas de apartamentos mirando al sur; y yo tal cual en mis alturas, mirando al norte, con una brisa de lujo y rodeado de flores, y ese es mi mirar. Besos al viento para todos.

Música

Tengo veinte amores, como cuando era un niño; bueno, no, cuando era un niño tan solo tenía uno, pues fue el que despertó mi alma para aprender a amar, y ese precisamente jamás se olvida.

Ahora casi no tengo fuerzas para poder amar, pues egoístamente solo espero que sea posible que me amen, que es mucho más cómodo, aunque siempre pondré de mi parte y con la experiencia sabré si soy amado de verdad; aunque uno no está ya para cuentos, este precisamente es de los de verdad, que me encantan.

Cuento
Había una vez

Cuando algo falta, la naturaleza se encarga de rellenar. Cuando quiere regular los tiempos, es genial. Que quieres flores: tiempos de amapolas y margaritas; que quieres agua: que no falten los otoños e inviernos, y a veces en demasía, u otras en verdaderas sequías; pero él regula, según le venga en gana. La naturaleza hace que te hierva la sangre, sobre todo en primavera, y se nota, sobre todo si tienes veinte abriles, y con setenta también; son distintos hervores, pero son tibios, casi yacentes; pero es tajante cuando no es así.

Siempre inteligente, siempre como un reloj, y nunca falla, y si intentamos cambiarla, nos castiga con suma dureza quien tiene ese poder que lo puede todo. Algunos se atreven a decir que es Dios, pues su fuerza es inmensa y reguladora, ejemplar. Y así es la vida.

Música
Por qué me preguntas

Si te amo, si sabes que te adoro y vivo para ti,
por qué me preguntas si te quiero.
Si sabes que mi locura eres tú.
No ves que estoy lleno de ti,
no ves que mi alma baila a tu son,
no te das cuenta de que sin ti
la vida sería siniestra y fugaz.

Poesía y música

He tenido dos amores:
uno que no dio su fruto
y el otro sí.
El que no
aún vive en el recuerdo
y brilla todos los días,
y el que sí
brillan y deslumbran,
los soles que me dio.
Todo parece una sinfonía,
plena de acordes,
con sus impresionantes
silencios y calderones.

Música
A una musa que no quiere serlo

No nos hemos conocido a tiempo,
llegaste o llegué tarde,
te debí encontrar en otra vida,
pues tan joven y yo tan menos joven.
El destino nos puso en el mismo sitio,
pero en distinto tiempo,
cómo se come eso.
No nos hemos podido disfrutar,
pues no estamos en el mismo tiempo,
nuestro desfase solo nos iluminó,
pero no llegamos a tiempo,
imposible enamorarse.
Solo el tiempo nos permitió
disfrutar de pensamientos.
Ninguno de los dos llegamos a tiempo,
el destino no quiso;
solo pretendió que nos viéramos de raspajilón,
y nos regaló solo la ilusión.

Poesía

Mi cabeza lo recuerda todo y mi corazón lo transforma, y te re-
cuerdo de una forma; y va el corazón, te ilumina con tanta fuerza
que siempre encuentra pasión.

Música
Si cuando escribo versos

Mis palabras fueran bellos encuentros. No sería por mi parte ser presuntuoso, pues no soy yo quien las dicta. No sé quién me las resuena en mi mente, solo sé que soy el eco de mi violín, que carraspea al son de mi arco veloz, o es la música que en ese momento escucho y me ilumina, o la llamada de un alma que me susurró. Solo me limito a plasmar el amor de dos.

Seguro que Platón me echaría de su república al escuchar mi voz. Cuánto lo siento, si solo son voces que salen de mi interior. Platón me diría: «Qué delirante personaje eres, amigo. No tienes fuerza para con tu propio ser, que tienes que rebuscar en tus interioridades». Y qué mejor que hable con mi alma y sobre todo con mi corazón, pero Platón no me entendería jamás, pues seguiría diciendo que son delirios de amor.

Música

Qué difícil es rellenar un folio en blanco, y al final las palabras se transforman, y la belleza como en un cuadro te llena de ese colorido, y esas combinaciones de tonalidades y sentidos son las que te definen y te entusiasman, y las ocurrencias se entrecruzan y llueven las ideas y la tormenta lanza sus relámpagos, y la chispa seduce y la gracia está servida, y fluye el sentido y las luces te llenan de vida. Un folio que solo era blanco y sin embargo está lleno de vida y sobre todo de dulzura para poder seguir amando aquello que te hace disfrutar, la elocuencia de las palabras, que son el mayor tesoro de la evolución. Besos mil.

Música

Me senté en la camillina,

esperando en silencio

las mariposas.

Llegaron como estrellas

y bailamos sin cesar

con música de verbo celestial.

Un beso
es un suspiro
de llanto.

Una mirada
es un canto
con son.

Y cada sonrisa,
un grito
de amor.

Me senté en la camillina,

esperando en silencio

las mariposas.

Llegaron bailando
y bailamos sin cesar
con música de verbo celestial.

Un beso
de llanto
es un suspiro.

Mi llanto
me besó.
Solo fue un suspiro.

Al son
de un canto,
una mirada.
Una mirada
es un canto
con son.
Y el amor
llegó con un grito
y una sonrisa.
Y cada sonrisa,
un grito de amor.

Música (cuento)
Las mariposas y yo

Las mariposas estaban dormidas desde hace tantos años y han tenido un soplo de añoranza, y supieron despertar. Qué sorpresa ellas y yo. Son las mismas que hace tantos años se durmieron en un sueño casi eterno, pero no, despertaron y se han dado cuenta de que ya no son tan jóvenes, se sienten algo cansadas, que el tiempo hizo mella en ellas, y además dudan si estarán en condiciones de dar la talla a estas alturas de la vida. Ya revolotean y se preguntan: «Pero ¿qué pasa? ¿A qué viene esta actividad ya olvidada? Con lo a gusto que estábamos ». Y asustadas me preguntan: «¿Será verdad que nos necesitas, si apenas casi sientes con fuerza y te encontramos cansado y abatido? ¿Qué te pasó? ¿Quién volvió a despertar tu alma?».

«Y además, el futuro tan incierto y corto, seguro que quieres jugar con nosotras —me dicen asombradas—. ¿Pero de verdad nos ves revolotear en estos momentos de la vida? Estamos cansadas de tantas esperas. Lo primero que tienes que hacer es preguntarle a la de las pecas si quiere que juguemos, pues, después de ver pasar tantas historias, lo mismo las suyas cansadas estarán, ni siquiera tendrán ganas de jugar. En cierto modo, no tenemos tanto tiempo para empezar a disfrutar. Bueno, esperemos que tus ilusiones nos hagan por lo menos bailar». Pobres mariposas, cuánto van a trabajar, pues tan cansadas están que solo saben protestar. ¡Ja, ja, ja, ja, ja, ja!

Poesía

El viento camina llevando flores, risas y cantos, con palabras que saben a gloria de viejos aedos, que emanan historias de alegres sueños, ¡¡¡con encantos de bonitas primaveras y susurros de veranos!!! Gracias, mil besos.

Yo quiero seguir teniendo mariposas, me enloquecen y me trastornan, pero no solo en mi cabeza; y si fuera posible, quisiera que mi alma participara en el juego. Ella es más sabia y sabe cómo tratarlas, pues fueron las mariposas las que hace años la despertaron a la vida y la enseñaron a amar.

Cuento
(pensando en Irene Vallejo)

La vi sentada en el verde prado, con sus botas rojas.
La vi leyendo mis cuentos, que escribí para ella.
La vi sonreír sin yo saber por qué, será que no le gustan.
La vi casi llorar y me dio tanta pena que salí corriendo.
La abracé como a una flor para que no siguiera.
La sentí en mi pecho para que me sintiera.
La vi sentada en la hierba, como una flor de primavera.
La escuché en silencio, su verbo de magia eterna.
No me canso de escucharla y verla.
Ella está plena de magia y elocuencia.
Me gusta sentirla cerca.
Sus susurros son cantos con música,
pues donde camina se hace eterna.
Parece griega romana o persa,
pero solo es mi musa del alma,
que me la despierta y calma.
Y así empiezan mis escrituras al alba,
solamente pensando en ella.

Poesía

Quisiera contarme un cuento; bueno, este cuento me lo conté a mí mismo esta mañana paseando por la playa: quiero seguir llamando a la vida, quisiera seguir llamando a la razón, a los corazones de las personas queridas de la gente que amo, por qué no a la poesía, y a tu alma y a tu mirada, y también a tus besos, a tus caricias; y además me gustaría que fueses como las olas, sí, como por ejemplo esa que viene como una fiera y se derrumba a mis pies; o como aquella que tiene tanta fuerza y se deshace al verme y se desparrama; o esa que viene tranquila y suave, y llega, me acaricia todo mi cuerpo y como ha venido se va; también me encantan las fuertes que rugen y después se marchan con suma delicadeza.

Yo seguía esta mañana contándome este cuento pensando que nadie me escuchaba salvo yo mismo. Se me ocurrió de repente pensar en Irenita, a la cual se lo dedico, pues sé que a ella le gusta que le cuenten cuentos, y seguí diciéndome a mí mismo: «Sé como esa ola que llega con mucho ruido y algarabía, alegre y un poco atravesada, y cuando me ve se endereza, llega a mis pies y se recrea a mi alrededor». También quisiera que llegaras suavemente y como tal te marcharas o aquella que se la ve galopar desde lejos, con fuerza y mucho ruido, y llega a mi cintura y me llena de espuma y casi me tira como queriéndome llevar. Pensándolo mejor, quisiera que fueras como la que canta, juega y suena como una sirena; y mi buena intención es seguirla y correr tras ella. Mejor prefiero a la que llega, se desliza suavemente, y los dos nos acariciamos, parecida a aquella cuya lentitud es extrema y tan lentamente se deshace. También son interesantes las que con fuerza inusitada parece que vienen, que dan miedo, truenan y golpean con fuerza. Y al final, cuando me tocas, parece que me dice susurrándome: «¿Te vienes?». Una que no quiero que seas es esa ola que llega muy rápida y tan veloz se quiere marchar. La que me fascina es la que me llega suave a los pies, me los hunde, y me da la sensación de que se quiere quedar conmigo, pues y la que ruge y ruge y ruge, y de tanta energía gastada no tienes fuerza para marcharte. Por favor, sé como la ola, que llegas, me envuelves, me revuelcas y disfrutamos los dos y no te quieres marchar. Mejor sé como una ola de las de verdad. Me gustó el cuento que me conté y se lo dedico a Irenita, que sé que le encanta que le cuenten cuentos, y a mí me encanta que ella me cuente historias de los aedos infinitos.

Música

No tengo buena memoria, y el caso es que lo recuerdo todo. Ya sé, debe ser que tengo la memoria en el corazón.

Poesía
Las libélulas revoloteaban

Las libélulas revolotean al son de una acequia;
verdes, blancas, azuladas sus alas.
Tu lectura interrumpida,
tu mirar fija en su belleza,
y no te dejan siquiera pensar,
y terminan posando en un junco.
Qué paradoja, leías el infinito. Y las libélulas siempre estarán.

Música

No tengo buena memoria y, sin embargo, lo recuerdo todo. Ah, ya sé, ¡¡¡debe ser que mi memoria está en mi alma!!!

Música

Ves lo que yo veo, amas lo que yo amo,
pues quiere cerrar los ojos y caminemos juntos.
Todas mis pequeñeces juntas me suelen hacer feliz,
espero que mi felicidad os llegue a todos.
Para mí, escribir es el regocijo de mi yo
y saber que quien me lee se siente vivo.
Cuando en las noches no resuelvo un problema,
el silencio es un trueno, lleno de relámpagos.
Tú y yo y nuestros recuerdos
somos una prolongación de nuestras vidas.

música

Cuando la inteligencia no da más de sí,
suelen aparecer los instintos.

Pero mi espíritu, cuando duerme,
tiene sueños que me hacen disfrutar.

Ves lo que yo veo, sueñas lo que yo sueño,
amas lo que yo amo; pues cerremos los ojos,
volemos a la nube blanca y mullida,
y por fin terminemos el cuento de nuestras vidas.

Poesía

Mi niña, mi amor, mi sinsentido, mi locura casi todas las noches me dice: «Se me están cerrando los ojos», aunque desea que le siga contando cuentos. Cuentos de alegría, de entretenimiento, de los cuentos que yo suelo contar, que son como de verdad. Y cuando mi niña después de mucho rato me dice «se me están cerrando los ojos», esos ojos medio verdes con pintitas llenos de amor que nunca fue, yo la miro despacio, le doy un beso como a un ángel y le digo casi siempre: «Hasta cuando quieras, yo siempre estoy y mis ventanas siempre estarán abiertas». Colorín colorado…

Música

¿Que cómo se le puede disparar a la soledad? Pues queriéndola, amándola y, sobre todo, realizarte con las cosas que no hiciste en otros momentos de la vida. Mi caso está claro, me he volcado en ser escribidor de cuentos y tontunas bonitas, y soy casi feliz, hasta el punto de convertirse en una pasión, en un amor, con mariposas en mi corazón.

Poesía

Mi pánico es aquel cuando pienso que puedo perder tus ojos de cielo, o incluso ese punto que tus pechos me marcan en mi cuerpo, cuando estamos en el mar, ese es mi pánico, que las olas nos revuelquen y desaparezcamos en la inmensidad, y aparezcamos en nuestra nube mullida del cielo y desde allí ver la realidad que nos depara la eternidad.

Música

«Siempre tengo ganas de ti,
siempre siempre tú», dice la canción.
Nunca nunca te dejaré partir ni siquiera en mi mente.
Eres y serás siempre mi pasión, y mi corazón y mi alma
jugarán siempre siempre. Y pídeme que te quiera siempre siempre,
más y más. Parece nuestra canción y, por qué no,
siempre siempre una vez más, hasta que la vida nos lleve del
mundanal. Siempre siempre. Cántala. Cántala.

Poesía

No sé si el diablo es hijo de Dios, solo sé que Dios NO dijo que TUVIERA hijos, solamente amigos, y no suelen ser los mismos que tiene el diablo. Moralejilla: no sé si Dios y el diablo son amiguitos, ni siquiera se conocen, o lo que es peor, existen. ¿Pues acaso tienen identidad? De momento, sigo sin saber dónde están. Me gustaría tener una conversación con ambos y decirles qué pienso y preguntarles muchos porqués.

Música

De qué clase de pasta estamos hechos, cómo somos.

Tu cara de terciopelo; tu boca de dulce cielo; tus pechos de queso relleno; tu cintura de fino lino; tus ojos, dos perlas de oro brillantes; tus zonas, la esperanza de la vida; tus piernas, el camino recto y bello hacia un final; tus manos, la ternura del tacto termal; tus extremos pies; tu eterno andar, y toda tú, de dulces sueños, y también de amargos momentos, y sensaciones dulces. De todo eso y mucho más estamos hechos tú y yo.

Poesía

Si a lo largo de la vida te encuentras con alguien especial, con la que vale la pena convivir, vive esos momentos especiales sin pensar en futuros y aprovecha esos momentos, arriésgate a vivir todos los segundos y disfruta, pues la vida es un conjunto de pequeñísimos momentos.

Música

Somos como estrellas muertas, seguiremos iluminando la eternidad con los frutos que tuvimos que dejar al irnos. Esa es la grandeza de la escritura y la luz eterna que disfrutarán las civilizaciones venideras y serás siempre la lucerna brillante para alguien que aprecie ese rayo de vida y esperanza que dejaste sin interés alguno, solo ser recordado como una luz que en su momento iluminó y seguirá resplandeciendo con vida y luz propia, y que la eternidad pueda valorar y, sobre todo, disfrutar como suele suceder con los genios.

Poesía

Eleva tus manos sobre mis hombros, eleva tu sonrisa dulcemente levemente y pestañea tus vivos ojos, surquemos entre estas verdes praderas y en la sombra llenemos nuestras copas de verbo, y disfrutemos inmensamente de la vida, de nuestros recuerdos sencillos, y con mirarnos a los ojos, sin pestañeos, nos lo decimos todo. Y si miramos nuestros labios, ¡¡¡seguro seremos eternos!!! Besos mil.

Música y poesía

Inocente flor que no quisieron que te cogiera,
caminamos sin rumbo viendo los atardeceres y las estrellas.
Qué belleza hubiera sido la espera para ver las flores de primavera
y disfrutar años tras años en compañía de nuestras estrellas.
Inocente flor, qué ramo tan bonito hubiésemos construido
si me hubiesen dejado que te cogiera.
Solo con pensar en ello, se me encrespa el alma. Inocente flor,
qué pena tan grande que así fuera.

Música

Que no somos iguales, eso lo sabemos todos, pero si nos mira-
mos, nos reflejamos en nuestros ojos, y dentro de los ojos somos
iguales, insignificantes, con manchas imborrables y no recono-
cibles, simples manchas oscuras, diáfanas y sin color, y alrede-
dor una oscuridad, otras veces demasiada claridad, y al fondo
una nube blanca con tendencia a rojizos ríos o una amarillenta
fealdad, otras una neblina inconfesable de una vejez tardía y sin
esperanzas de vida.

Poesía

Amor, por qué no vienes ya,
si ya pasaron las tormentas
y los vientos dejaron de soplar.
Por el amor que te tengo,
por qué no llegas ya.

Música

Ahora que se fue el calóóóó,
ahora que lloran las nubes y
ahora que los ríos ríen,
ahora que los cielos tienen otro color,
ahora que los veleros vuelan,
ahora que casi lloro por no llorar,
ahora que mi novela camina,
ahora que mi mente está disfrutando,
ahora que mi memoria se resiente,
ahora que mi verdad resplandece,
ahora que el amor envejece por igual,
ahora que la salud es lo principal,
ahora que la timidez voló y no volvió,
ahora que la vida me da vitalidad,
ahora que camino sin ver un final,
ahora que pienso así para ser feliz,
ahora que siento que duermes conmigo siempre,
ahora que no me siento solo, estás en mi corazón.
Ahora que los años solo son dos números,
ahora que los minutos vuelan y los años planean,
ahora que los dolores son amiguitos,
ahora que el equilibrio mental es lo más importante,
ahora que vislumbras el poco tiempo,
ahora que el pasado ya pasó, vuela, ven y caminemos.
Ahora que vivimos en una nube blanca y mullida,
ahora que salimos, nos miramos y sentimos.
Ahora que esperamos lo mismo, volemos.

Ahora que ya no lloramos y solo reímos,
ahora que tu cabeza reposa en mis hombros,
ahora que te acaricio y te cuento cuentos,
ahora que las pequeñeces son la felicidad,
ahora que mi garganta casi se apaga,
ahora que mis manos juegan con las palabras,
ahora que la vida ya no es un juego,
ahora que siento pasiones romanas es cuando más me divierto.
Ahora que mi mente no para es cuando mi vida es plena.
Ahora que nadie quiere de mí y yo necesito de todos,
ahora no me rindo, juego a vivir la vida como si el mundo estuviera pendiente de mí, y yo intento vivir como si nada, como si la vida volviera a empezar, y así vivo mucho más y mejor. Quiero sentir los momentos, pues la vida es eso, montones de momentos, y sobre todo llenarlos de amorrrrrrr. Millones de besos.

Poesía

Los odios, ¿para qué sirven? Para nada. Alimentar odios es odiarse a sí mismo y amargarse la vida propia y la de los demás. Porfi, la bondad ante todo y el perdón siempre y la armonía en el futuro, y sin ello la vida no es vida, es amargura y sufrimiento. Nunca tengas una jabalina verbal, y mucho menos una diana fija. La bondad es el triunfo de la convivencia, el respeto mutuo es esa bandera de la que siempre tienes que ondear; lo demás es dañino y no te hará feliz.

Música

Eleva tus manos sobre mis hombros, eleva tu sonrisa dulcemente levemente y pestañea tus vivos ojos, surquemos entre estas verdes praderas y en la sombra llenemos nuestras copas de verbo, y disfrutemos inmensamente de la vida, de nuestros recuerdos sencillos, y con mirarnos a los ojos nos lo decimos todo. Y si miramos nuestros labios, ¡¡¡seguro seremos eternos!!! Besos mil.

Lo repito, pues me encanta. Intentaré escribir siempre así.

Música

Me quedo de golpe sin tenerte cerca.
Me quedo sin tu futuro, ni siquiera el mío.
Me quedo solo con los sueños que te prometí.
Me quedo con el tiempo perdido que perdí.
Me quedo con la suerte de haberte conocido.
Me quedo con nada de ti, tan solo la ilusión.

Poesía
No me pidas

No me pidas que deje de quererte,
no mando en mi corazón,
ni siquiera en mi alma.
No me digas que no te ame,
pues, sin tú saberlo, te amé en silencio.

Música

He perdido la razón, si apenas siento amor.
Porque insisto, es que no soy yo, es mi ego.
Cuando quiero, es la inercia de mi alma,
que camina sin rumbo y sin mariposas.
Solo son las libélulas que revolotean en mi cabeza.

Poesía

Llama a la vida con sentido,
ten conciencia del abismo,
cuenta siempre con el alma,
que, aunque es eterna,
no eres dueño de ella.

Poesía

Tantas y tantas veces soñé contigo que sentía que te abrazaba.
Tantas mañanas desperté cansado de tanto quererte.
Tantos besos al viento que amanecía retorcido en la sábana.
Tantos sueños vividos, tanta paciencia engañada.
Tantos sueños sin querer, sin saber si eran verdades o mentiras.
Tantos viajes de ensueño en sueños de mentiras.
Tantos paseos de la mano al viento de los sueños.
Tanta desilusión en los despertares, pero ¿y la ilusión vivida?
Tanta vida en sueños que me llenaste casi de realidades.

Música

No te preocupes por las personas de tu pasado, siempre hay razones por las que no llegaron a tu presente. El destino es tan creíble como que vives en cada momento. La gente cambia constantemente, sobre todo si sufre o ha sufrido, o con su inteligencia aprendió dos formas de cambiarte la vida.

Poesía

¡Ja, ja, ja, ja, ja, ja, ja! Mis mariposas están cansadas de tanto esperar, me miran y se ríen sin cesar, quieren y desean bailar, pero no hay manera. No encuentran el tesoro escondido dentro de mi alma, y es que no se dieron cuenta de que siempre lo tengo escondido en mi corazón, y ellas desesperadas no entienden por qué tanta espera. Y a mí hasta me pasa lo mismo, yo tampoco lo entiendo, será cuestión de tiempo y de esperas. El amor hace tiempo que no llama a mi puerta, ni siquiera desea entrar por mis ventanas, y menos mal. Qué importante es que no reniego, pues si no quiere volar sobre mí, no pienso suplicar. Solo deseo una gran paz y gran serenidad en todo momento y que no cunda jamás el desasosiego, ni siquiera la insistencia. No necesito la desazón y menos una vulgar angustia vital. Solo el silencio espiritual es la belleza de la razón y de los sentidos y sentimientos controlados.

Poesía

El color de la vida depende del grado de felicidad y, sobre todo, de tu sonrisa.

Música
(Cosas que me cuento)

Quisiera recordar. Me encanta este pequeño relato sobre la soledad.

Ahora que está tan sola la soledad y los recuerdos se empiezan a no recordar. Ahora que la vida camina deprisa y tu cada día más lento es tu caminar. Ahora que los sentimientos se desvanecen y las ilusiones se desdibujan. Ahora que necesitas de todos y todos no te necesitan, la vida se siente de forma distinta y las veredas se estrechan en caminos sinuosos y desconocidos. Ahora que lo diste todo con generosidad y cada vez recibes menos. Ahora que todo te ataca y cada vez tienes menos defensas. Pues ahora no tiro la toalla, camino firme como puedo y con la mirada limpia buscando siempre una esperanza y un camino distinto donde tenga paz, armonía y, sobre todo, cariño. Esa es la esperanza de la soledad. Besos a rabiar.

Poesía
Qué es la vida sin ti

Es la locura sin ilusión.
Es la flaqueza sin paz.
Es un no vivir.
Es la locura de un amanecer.
Es la oscuridad y no sentir.
Es la tristeza sin llanto.
Es la sensación del vacío.
Es la capacidad del silencio.
Es la voluntad de rellenar.
Sin ti no hay vida.

Poesía
Sientes que la luna camina

No, solo siento cuando me mira,
y yo le digo cosas bonitas,
ella se para y yo la miro.
Ella solo me alumbra
y yo empiezo a crear.
Y así una noche y más,
hasta la hora quinta,
que se va hacia el alba, sin más.

Poesía, música o cuento
A las cinco en punto de la tarde

Ya está herido y desconcertado en un gran círculo dorado donde nunca había estado, descompuesto, pues no entiende nada. Todo es nuevo para él, el griterío que jamás había oído, acostumbrado al canto de la urraca o la tórtola, o a la música de las alondras, y a escuchar a lo lejos los bramidos de los ciervos. Todo era una sorpresa, y delante de él un imberbe lleno de miedo con lentejuelas de lila y oro. Ya le habían clavado cuatro aguijones en los costados y el cabreo era mayúsculo. Por qué pasar de una vida placentera y deliciosa bruscamente a esta situación tan traumática y desesperante, viendo venir la que se le avecinaba en pocos momentos. Todo iba tan rápido que casi no le daba tiempo a pensar, o me defiendo o me matan. Estaba vagamente claro, era desconcertante, inexplicable; su belleza estaba a punto de acabar en quince minutos. Determinó defenderse o me quitan del círculo dorado. Sacaré mi genio como sea, pues veo que este espectáculo se termina muy pronto. Le engañaron varias veces con un trapo rojo y se dio cuenta de que estaba medio mareado. La gente no paraba de gritar y en uno de los lances consiguió empitonar al imberbe por las partes más nobles. El lila y oro quedó tan ensangrentado que se lo tuvieron que llevar de urgencias. Se quedó solo, la gente más gritos y eufórica. Esta vez había ganado, pero se temía lo peor. Lo tendrían que finiquitar lo antes posible y vio como otro imberbe este con lentejuelas brillantes en fondo verde cogía una espada de verdad y se disponía después de intentar marearlo un poquito a hacer que bajara la testuz y aprovechar tal situación para en un instante acabar con el vencedor de cinco minutos antes. Dispuestos los dos en situación y como dos fuentes de energías, se entrelazaron. La espada entró hasta el corvejón, uno de los pitones entró por la ingle partiendo la femoral y murieron los dos. El griterío se unió en un silencio profundo, se llevaban las manos a la cabeza de la impresión. Qué arte, qué espectáculo más horrible. Pareciera que estábamos en tiempos de la Roma antigua o en la barbarie e incultura del XVI; pero no, estamos en pleno siglo XXI de las ciencias las letras y las tecnologías. Solo veo dolor y miedos, no veo arte por ninguna parte, nada atractivo ni elocuente, un absurdo demencial. Yo, por lo menos, lo veo así; para otros será el *summum* de las artes. La locura y la barbarie a estas alturas no proceden, digo yo; lo mismo estoy en otro mundo.

A las cinco en punto de la tarde

Música o intimidad
Voy a intentar contarme un pequeño cuento

Pero que sea bonito o, por lo menos, que sea emocionante.

Estando en un abismo emocional y sobre todo mental, y no era para menos, pues estaba pensando en todas las equivocaciones y todos los errores cometidos desde que tenía uso de razón, y mira que tengo una larga vida y entretenida, y tantas cosas, pensando en la cantidad de cosas de esto o de lo otro o de lo demás allá, me entraba gana de llorar, o la verdad no sabía si reír. Tantas cosas había hecho mal, cuántos errores, y solo pensar en tanta tontuna, me entró una tristeza enorme, y acto seguido me reactivé y me dije: «No es posible, algo habré hecho bien o incluso he sido muy feliz, y sé que he disfrutado un montón»; y me las empecé a enumerar y la risa me llenó y el contraste de tristeza y alegría llenaron estos momentos de cuento sobre la marcha, y comprendí que la vida es eso, errores y fallos con alegrías y aciertos, y la verdad hoy mi vida está llena de alegría, no solo por el conjunto de fallos y alegrías, sino por haber vivido tanto. Las cosas feas las recuerdo, pero hoy me río pensando en ellas, pienso: «Qué calamidad fui». ¡Ja, ja, ja, ja, ja! Y las cosas buenas y felices me hacen casi llorar con una inmensa alegría y sonrisa al final pensando en lo que disfruté, tanto los errores como los aciertos, todos en su conjunto. Es una vida donde piensa en lo orgulloso de haber vivido tan intensamente y hoy por hoy estoy disfrutando de esa amalgama de hechos tanto nefastos como elocuentes y el resultado es simplemente una sonrisa llena de felicidad. Y, colorín colorado, que este cuento de la vida siga por muchos años. Mil besos.

Música

No intentes caminar detrás de nadie. La verdad es que quien te quiere siempre intentará sentirse cerca, a tu lado, sentir tu respirar, y si no notas ese viento, déjalo pasar.

Poesía

Él se trasladó a un lugar donde solo existen lo recuerdos
para simplemente intentar vivir el presente.
No te equivoques. El pasado pasó y tu presente es otro.

Música

Platón era y fue un cachondo, se inventó la historia de la Atlántida y ahora todo dios buscando la jodida ciudad desaparecida. Mira por dónde, era la utopía de la vida, era un paraíso terrenal, y qué casualidad, se esfumó como la nube blanca que se trasformó en viento, como la niebla del amanecer que llegó y de la misma forma se fue o como los vientos de levante que rompen y se esfuman. ¿Dónde estarán?

Poesía

Un beso, una mirada, la lluvia,
un viento un susurro, todo es poesía,
un llanto un lamento, una algarabía,
un relámpago, una nube, todo es poesía,
un sol, la luna, siempre hay poesía.
Pero todo es mentira, MENTIRA.
La verdadera poesía eres tú.

Música
(cuento)

¡¡¡Salí de casa, cogí una flor y la planté en su mano!!!

Poesía o música

Memoria inquietante, memoria divina que no falte,
que sigan naciendo las flores en las nubes blanquecinas,
que lluevan jazmines y truenen las melancolías,
que caigan ramos de margaritas
y se llenen los campos de alegrías,
que los rayos perforen los campos
y solo florezcan las malvasías,
en las noches de luna llena
las luciérnagas sean estrellas con vida
y oigamos el canto de las cigarras adormecidas.

Música
Esta noche soñé

Ay, Nenia, cuántos sueños vividos.
Ay, qué cosas me permití soñar sin ti.
Si tú supieras las dulzuras de los sueños…
Ay, Nenia, qué alegrías de albas.
Si tú supieras cuándo uno se despierta.
Ay, qué sensación más fugaz.
Si tú supieras la verdad…

Música
(Repitiendo para recordar)

Somos como estrellas muertas que seguiremos iluminando la eternidad, con los frutos que tuvimos que dejar al irnos. Esa es la grandeza de la escritura y la luz eterna que disfrutarán las civilizaciones venideras, y serás siempre la lucerna brillante para alguien que aprecie ese rayo de vida y esperanza, que dejaste sin interés alguno, solo ser recordado como una luz que en su momento iluminó, y seguirá resplandeciendo con vida y luz propia, y que la eternidad pueda valorar y sobre todo disfrutar como suele suceder con los genios.

Música, poesía, cuento

Cuando escucho silencios, me chirrían los sentíos y no los puedo aguantar. No admitas jamás el desprecio.

Hoy quisiera escribir lo bella que es la vida cuando te acompaña una buena noticia. Hoy me han confirmado que no tengo esa palabra tan fea y odiada, y no se lo puedo decir a mi luna.

Quien quiera, que venga. Mis ventanas están esperando ese viento dulce, ese viento que vuela con aromas de ternura y armonía que canta y siente, y en cuyos ojos traen lágrimas secas. Quien quiera, que venga con el amor de la esperanza, con la paz de los sentidos y con la sonrisa del mañana. Quien quiera, que venga.

Música

Llámame cuando te duela la misma alma, sí,
esa que se siente muy en las entrañas,
cuando te sientas sin poder decir una sola palabra,
cuando la tristeza te corrompa en lo más profundo,
cuando la noche es tu día y no ves nada más que oscuridad.

Cuento

No sé por qué me estoy acostumbrando a que me llamen *amigo*, es una forma de poner una gran barrera.

Poesía
(corta)

Llámame y, entrecortada,
cuéntame lo poco que me quieres.
Pero no llores por lo que me quisiste.

Música

Mis manos se deslizan por el blanco folio haciendo la labor de un arquitecto, juntando palabros según me dictan sobre todo mi corazón, mi alma y mi cerebro, mis maestros, y mis recuerdos llenos de sentimiento.
Me encanta juntar palabras.
Mil besos.

A todas mis musas, a mi familia, mis hijos y, sobre todo, a las personas queridas. Ah, y a Irene Vallejo, que despertó mi alma de *escribidor*.

Índice